흰구름걷히면청산인것을   인생

이시우 | 李時雨

서울대학교 천문학과와 동 대학원 이론물리학 석사과정을 졸업하였으며,
미국 웨슬리안(Wesleyan) 대학교에서 천문학 석사과정을 재차 밟았다.
그뒤 호주국립대학교에서 관측천문학 박사과정을 졸업, 이학박사가 되었다.
경북대를 거쳐 서울대 천문학과 교수를 지냈으며,
한국과학기술원 한림원 정회원으로 있다.
주요저서로는『천문관측 및 분석』·『은하계의 형성과 진화』·『태양계 천문학』
『별과 인간의 일생』·『별을 보면 법을 보고 법을 알면 별을 안다』·『우주의 신비』
『천문학자와 붓다의 대화』등이 있다.

명상의 바다에서 건져 올린 삶의 지혜 4
인생

글 이시우 · 그림 이규경 / 펴낸이 · 김인현 / 펴낸곳 · 도서출판 종이거울
2004년 3월 25일 1판 1쇄 인쇄 / 2004년 3월 30일 1판 1쇄 발행
편집진행 · 이상옥 / 디자인 · 나무디자인 정계수
영업 · 법해 김대현, 혜국 정필수 / 관리 · 혜관 박성근 / 인쇄 · 동양인쇄(주)
등록 · 2002년 9월 23일(제19-61호) / 주소 · 경기도 안성시 죽산면 용설리 1178-1
전화 · 031-676-8700 / 팩시밀리 · 031-676-8704 / E-mail · cigw0923@hanmail.net

ⓒ 2004. 이시우
ISBN 89-90562-10-4 04810, 89-90562-05-8 (세트)

· 책값은 뒤표지에 있습니다.
· 잘못된 책은 바꿔드립니다.
· 이 책의 내용 전부 또는 일부를 다른 곳에 사용하려면
  반드시 저작권자와 종이거울 양측의 서면 동의를 받아야 합니다.

명상의 바다에서 건져 올린 삶의 지혜 4

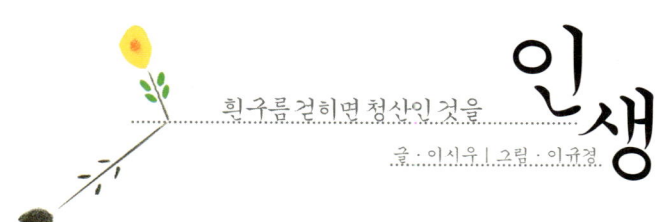

흰구름걷히면 청산인 것을 　인생

글 : 이시우 | 그림 : 이규경

종이거울

.... 책머리에

인생이란 짧으면서도 길고, 얕으면서도 깊으며, 가벼우면서도 무거운 것이다.
인생은 너와 내가 함께 의지하며 이루어 가는 것이다. 내 뜻대로 다 되면 네가 상처를 받고, 네 뜻대로 다 되면 내가 상처를 입는 것이 인생이다. 차별과 분별이 심할수록 인생은 거칠어지고, 욕망이 적을수록 평탄해지는 것이 인생길이다.
고통과 번뇌가 없으면 잘 자라지 못하는 것이 인생이다. 생각이 깊을수록 인생은 빛이 나며 남을 이롭게 한다. 뛰어난 것보다 평범한 것이 인생을 부드럽게 한다.

책머리에 무슨 말을 쓸까 생각하다가 이런 내용이 떠올라 두서 없이 그대로 옮겨보았다.
이 책은 이미 간행된 시집 「똥막대기」(신구문화사, 2000)의 내용 일부와 이곳 안성에서 생활하며 새로

쓴 글을 보충하여 그림과 함께 꾸몄다. 좋은 그림을 공들여 그려 주신 화가 이규경 선생과 글을 보아 주신 소설가 이재운 선생께 감사의 마음을 전하며, 또한 내 글을 새로 기획하고 출판해 준 도서출판 종이거울 편집진의 노고에 위로를 전한다.

먼저 살아온 사람의 인생이 뒤에 오는 사람의 인생과 똑같을 수는 없지만 삶과 죽음의 길은 같은 것이므로 인생의 길이란 3,000여 년 전이나 지금이나 큰 차이가 없으며, 또한 미래에도 그러할 것이다. 그런 점에서 아무쪼록 이 책이 읽는 분들의 인생 여정에 조금이나마 도움이 되어 편안한 삶을 누릴 수 있다면 저자의 더 없는 기쁨이 될 것이다.

하늘을 쳐다보니 구름 한 점 없다.

2004년 1월
안성 토굴에서 이시우

.... 차례

우주와 나⁽¹⁾ ···10
우주와 나⁽²⁾ ···22
나는 작은 우주다 ···24
브라흐만 속의 나 ···30
주재자^{主宰者} ···38
순환 ^{윤회} ···42
오고 감 ···46
주고받음 ···48
변화 ···50
인생 길 ···52
소걸음^{牛步} ···56
지하철은 인생 열차 ···58
열여덟 살의 추억 ···62
인생 여정^{人生旅程} ···66
시간의식^{時間意識} ···80
시간⁽¹⁾ ···86
시간⁽²⁾ ···88
무지^{無智}와 지혜^{智慧} ···94
그대 뜻대로 ···96
허위와 진실 ···102
명상 ···104
존재 ···108
비둘기와 어느 예술가의 혼 ···114
신비 ···122

가을의 신화 ···124
문명 상자 ···130
참 마음 ···138
욕망의 허상 ···142
조약돌 ···144
모서리 ···147
잘못된 선택 ···150
조화 ···156
老子의 놀이 ···160
방황 ···164
꿈의 얼개 ···168
神과 인간 ···176
산 정상 ···182
깨달음의 길 ···184
낙엽[1] ···186
낙엽[2] ···188
사랑과 존경 ···190
음파를 타고 ···192
보는 것과 믿는 것 ···196
여여如如 ···200
떠나감 ···202
탄생과 죽음 ···206
삶과 죽음 ···210
죽음 ···216

이 세상에 여러 가지로 다른 진리가 영구히 존재하고 있는 것은 아니다.
다만 사람들이 그것을 영구히 존재한다고 상상하고 있을 뿐이다.

—숫타니파타

우주와 나[1]

나는 별이 좋아 하늘을 본다.
밤하늘을 보노라면 나는 이미 별 따라 먼 과거로
여행한다.
그렇게 지샌 밤이 그 얼마나 많았던가!
밤만 되면 우주의 속삭임을 들으며
별과 더불어 우주에 관한 대화를 나누었다.
그 대화를 기록하고는
나는 또 별을 찾아 헤맨다.

별들의 생멸과 운동에는
삶의 조화로움이 들어 있으며
이것이 곧 만유(萬有)가 따르는 우주의 섭리이다.
신비스러운 밤하늘의 우주!
그 속엔 나의 정겨운 열정이 담겨 있다.
그 누구도 찾아 낼 수 없는 나의 이야기가 남아 있다.

이젠 그 이야기를 별들에게 남겨 두고
우주의 신비를 마음 속에 간직한 채
새로운 마음의 세계를 찾아
이렇게 새벽을 지새고 있다.

우주에서 점보다 못한 지구 안에서
치열한 생존 경쟁을 치르는
오늘날 인간에겐 하늘이 없다.
오직 한 치의 땅만이 유일한 재산이요
또한 유일한 식량 창고이다.
마음의 양식이 사라진 지 이미 오래며
오직 기계처럼 움직이는
육신만이 존재할 뿐이다.

인간의 옛 조상이 어디에 있는지 무관심하듯
멀고 먼 옛날 인간의 씨앗이 어디서 왔는지,
또 그때의 형제는 어디에 있는지,
아예 관심조차 없다.
개미가 자기집 밖 십 리를 채 못 가듯이
인간은 땅을 벗어나 먼 우주로
마음의 여행을 하려 하지 않는다.

그들에겐 우주적 향수도 없고
우주적 꿈도 없고 우주적 미래도 없다.
죽은 영혼은 이 지상에 머물며
무엇으로 다시 태어날 것인가,
오직 그것에만 관심이 있을 뿐
그 영혼이 저 먼 우주 어느 곳에서
다시 태어날 것인가 하는 것에는 관심조차 없다.
그러면서도 인간은 자신을 만물의 영장이라 부른다.

애석하고 부끄럽다.
한 세상 태어난 영혼이
우주를 왕래해 보고 싶은 욕망이 없다면
그는 우주 속에서 이미 죽은 것과 다름이 없다.
티끌보다 작은 이 지구에서 아옹다옹 다투다가
어느 날 사지를 쭉 뻗고 죽어간다.

견성이니 해탈이니 화려하게 수사하면서도
우주의 올바른 모습과 수많은 나의 형제들이
존재하는 이 우주를 모르고 산다는 것,
이 얼마나 한심스럽고 부끄러운 일인가!
다시 태어나도 이 지구에만 태어나고 싶어하는
무지(無智)한 지구 집착인들이여!
우주적 꿈을 지니고 찬란한 문명과 문화의 세계가
기다리고 있는 저 하늘의 별들을 바라보라!

지금도 빤짝이며 무엇인가 전하고 있는 모습이
보이지 않는가?
또 기쁘고 신비롭지 않는가?
지상의 하루하루는 수많은 생물이 태어나기도 하고
동시에 죽어가기도 하는 짧은 세계지만
저 하늘에서는 길고도 긴 생멸의 시간이 있음을
보지 못하는가?
그대가 영원히 살고자 한다면 저별이 되어
오래도록 우주를 비추고 싶은 욕망은 없는지?

앉아서 기약 없는 해탈을 기다리는 임들이여,
한 번쯤 하늘을 우러러보고
그 속에 진정한 인간의 해탈이 있음을 느껴 보라!
콩은 오직 콩을 낳지만
인간은 인간을 낳기도 하고
새로운 우주를 낳을 수도 있는
지혜를 지녔음을 인간들은 언제쯤 깨우치려 하는가?

밤 깊어 사람 소리 고요한 때에 홀로 일어나 앉아 내 마음을 관찰해 보면
비로소 망념이 사라지고 참된 마음만이 홀로 나타남을 깨닫나니,
매양 이 가운데서 큰 진실을 얻게 된다.

―채근담

우주와 나⁽²⁾

나는 우주의 인드라망에 걸려 잠시 머물다
사라져 가는 지구의 나그네.

불길 따라 퍼져 나가는 내 영혼의 향기가
우주를 떠돌 때
이 향기 품고 태어날 자 그 누구인가?

인연으로 맺어진 그에게 고운 향기 남긴다면
한 세상 살림살이 후회할 것 없겠네.

경은 낭송하지 않으면 잊혀지고, 집은 관리하지 않으면 훼손된다.
더러운 얼굴은 게으름 때문이요, 마음 집중이 소홀할 때 욕망이 일어난다.

—법구경

.... 나는 작은 우주다　　　　　　　　　　　　　　　　

나는 홀로 태어났기에 우주에서 유아독존이다.

나는 책 벌레보다 약 4,000배 크고
지구보다는 1/1000만 $^{(1000만\ 분의\ 1)}$ 만큼 작다.
지구는 태양 크기의 1/110 $^{(110분의\ 1)}$ 만큼 작으며
우리 은하계보다는 1/200조 $^{(200조\ 분의\ 1)}$ 만큼 작다.
우리 은하계는 우주 크기의 1/30만 $^{(30만\ 분의\ 1)}$ 만큼 작고
나는 우주 크기의 1/6000경 $^{*(6000경\ 분의\ 1)}$ 만큼 작다.

*1경(京)은 1조의 10,000배다

나의 존재는 우주에서 이처럼 미물로 보이지만
우주 만물과 깊은 연기의 바다에 빠져 있으니
이 어찌 기쁘지 않은가!
수많은 별들은 밤낮으로 나를 비추고 있으며
나는 그들이 내뿜는 빛의 광자(光子)로 눈을 닦고
몸을 씻으며 옛 향수에 젖는다.

우주를 이루고 있는 내가 없어지면 벗삼아 놀
한 생명이 줄어들기에 우주는 조금 쓸쓸할 것이다.
그러나 고독도 잠시뿐, 내가 변해 그 어떤 것으로
새로이 태어나
우주와 벗하여 무언의 대화를 또 이어 가겠지!
그래서 나도 우주도 쓸쓸할 것이 없다.
단지 '나'라는 존재는 우주의 숨소리 따라 일렁이는
평범한 한 개체로 생성 소멸을 이어가는
순환의 바퀴를 굴리고 굴리며 우주와 영원히
함께 살아가고 있다.

그 어느 옛날엔 나도 한 별로 세상에 나와서
찬란한 빛을 비추다가 사라지고 태어나는
순환의 반복을 거쳐
오늘의 내가 된 것이니 나의 본래 고향은
바로 우주 그 자체다.
그러므로 나는 먼 옛 추억을 간직한 작은 우주다.

인생은 한 권의 책과 같다. 바보들은 아무렇게나 책장을 넘기지만
현명한 사람은 공들여 읽는다. 왜냐하면 그들은 단 한번밖에 그것을
읽지 못함을 알고 있기 때문이다.

—장 파울

브라흐만 속의 나

인간들은 두더지처럼 땅을 파헤쳐 굴을 만들고
또 흙으로 그 굴을 메운 후, 다시 다른 굴을 파면서
발전이라고 한다.
다람쥐가 끊임없이 돌리는 쳇바퀴같이
인간은 세상을 돌리며 열심히 요리한다.
여러 가지 맛을 내며
그 중에서 어느 것이 가장 맛있고,
어느 것이 가장 아름다운가를 가린다.
이것을 행복의 추구라 한다.

그러나 그대가 가지고자 하는 생각을 버려라.
하고자 하는 생각도 버려라,
얻고자 하는 생각도 버려라,
구하고자 하는 생각도 버려라.
이렇게 모두 버리고 나면 무소유자로 무념의 상태에
이른다.
그리고 그대는 이제 불성(佛性)을 이룬 아뜨만으로
브라흐만 속에 들어갈 수 있다.

만약 그대가 진실로
브라흐만 속에 들어갔다면 그대 모습은 사라져 버려
그대가 존재하지만 그 모습을 찾을 수 없고
모두가 브라흐만 속에서 하나로 녹아 버린
아뜨만일 뿐이다.

그런데 만약 브라흐만 속에서 원초적인 그대 모습을
진실로 찾고자 한다면
스스로 이렇게 자문해 볼 수 있다.
'과거의 나와 현재의 나 둘 중에서 어느 것이
나의 참된 자아인가?
그리고 나는 무엇을 찾아 이토록
방황하며 헤매고 다녔는가?
인간은 왜 참된 것과 그릇된 것을
스스로 구별해 놓고
그 중에서 어느 하나를 선택하려 애쓰는가?'

브라흐만이여!
그대는 정녕 구별 없는 하나인가?
아니면 선택된 하나인가?
만약 선택된 최상의 것이라면,
그대도 차별심에서 생긴 부산물이 아닌가?
그리고 인간의 언구(言句)와
의식의 교묘한 술수에서 생겨난 것이 아닌가?

그대는 과연 브라흐만 속에서
완전히 하나로 녹아 버리기를 진실로 원하는가?
아니면 브라흐만 속에서
그대 참모습을 찾기를 원하는가?

천지 가운데, 만물과 인류 가운데, 온갖 정과 세계 가운데의 모든 일을,
속된 눈으로 보건 어지러이 각각 다르지만
깨달은 눈으로 보면 모두가 한결 같으니,
어찌 번거롭게 구별하며, 어찌 취하고 버릴 것이 있겠는가.

— 채근담

주재자 主宰者

나무 그늘에서 땀을 식힐 때
시원스럽게 불어오는 바람,
그 누가 보낸 것인가?
뜨거운 태양 빛 받으며 익어 가는 오곡백과는
그 누가 관리하는가?
네 발 어린이가 두 발 어른 되었다가
세 발 노인 되는 인간의 일생은
그 누가 다스리는가?
아욕(我慾)과 아만(我慢)에 집착해
허공 꽃을 찾아 헤매는
슬픈 인간의 자아(自我)는
그 누가 조정하는가?

한때의 쾌락과 축복이 지나면
파도처럼 밀려오는 고독과 고뇌는
그 누가 다스리는가?
수려한 산천과 푸른 강물을 벗삼아 살아가는
동식물의 삶은
그 누가 다스리는가?
전자 게임을 즐기는 기계적 인간과 컴퓨터로
우주의 신비를 풀려는
인간의 만용은
그 누가 다스리는가?

참된 신앙을 자신의 이양(利養)으로 전락시켜
육체가 정신을 지배토록 하는 자의 소행은
그 누가 다스리는가?
숨막히는 경쟁에서 삶의 참 가치를 잊은 채
오늘의 슬픈 신화를 엮어 가고 있는 인간은
그 누가 관리하는가?

집착 때문에 슬픔이 일어나고, 집착 때문에 두려움이 일어난다.
집착으로부터 해탈한 사람은
슬픔이 없거니, 어찌 두려움이 있으랴!

−법구경

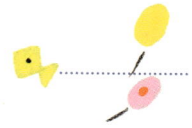

순환 윤회

이 몸 살아 있는 동안
아홉 구멍에서 여러 가지 물질이 흘러 나오고
살갗은 시시각각 죽어가고
또 새로 생겨나기를 반복하면서
죽은 살갗은 먼지 되어 떨어져 나와
하늘로 올라가고 땅으로 내려가
온 천지에 퍼지니 육신은 만유(萬有)와
깊은 인연 맺게 되네.

몸에서 나쁜 것이 나오면 나쁜 인연을
좋은 것이 나오면 좋은 인연 맺으니
살아서도 육신은 끊임없이 생멸의 순환을 돕고
그 순환에서 자신이 뿌린 씨앗도
거두어들이며 살아가네.

그런데 어찌 사람들은
죽어서 한 줌의 재가 된 후에만
순환을 한다고 생각하는가?

나무가 스스로 껍질을 벗기면서 커 가듯이
인간도 육신의 껍질을 벗기면서 살아간다.
버려진 잔해는 다른 생의 양분과 씨앗이 되면서
순환해 간다.

이처럼 만물은 태어나면서부터
순환의 굴레를 결코 벗어나지 못하니
이것이 만유(萬有)의 일대인연사(一大因緣事)로다.

.... 오고 감

서쪽 새는 저 새가 동쪽으로 간다 하고
동쪽 새는 저 새가 서쪽에서 온다 하니
저 새는 오는 것인가, 가는 것인가.
오고 감이 다르다면 저 새의 본 고향은 그 어디인가?

오래 엎드린 새는 반드시 높이 날고, 먼저 핀 꽃은 홀로 일찍 떨어진다. 이것을 안다면 발을 헛디딜 근심을 면할 수 있고, 가히 그로써 조급한 마음을 없앨 수 있다.

— 채근담

주고받음

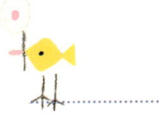

주고받음은 더불어 존재하는 변화의 섭리로
서로에게 서로가 보이니 분별해 무엇하리.

주고받음은
인연 길 열어 주고 이 길 보이지 않으니 공(空)이요
이 길에 앞뒤가 없고 모순의 조화가 일어나니
가는 길에 걸림이 없네.

주고받음에서
이완되어 나를 잊고 남을 잊으니
모두가 무자성(無自性)으로
스스로 낮아지네.

변화

문득 스쳐 가는 찰나
내가 변화의 천지에 빠져 있음을 알았네.

그 동안 내 몸을 감쌌던
흙먼지가 이토록 고마운 줄 미처 몰랐네.

구름 위의 산이 높다 한들 한갓 꿈일 뿐
만물이 있음에 있고 때가 되면 또 사라지니
변화는 위대한 자연의 조화로다.

아는 사람은 말이 없으며, 말하는 사람은 알지 못한다.
― 노자

인생 길

어디가 시작이고 어디가 끝인지 모르는 것이 인생
무엇인가 찾아 나선 이 길도
그 끝이 어딘지 모르겠네.

꿈속에서 본 세상은 분명 고통 세상이 아닌
행복의 요람
사람들은 그것을 인생의 현실로 보려고 하네.

인생의 길이란 한 치 앞도 몰라
내일 절벽 낭떠러지에 떨어질지,
모래 깊은 강물 속에 빠져들지, 그 누가 알겠는가?
그러나 이왕 떠나온 인생살이
비록 불구덩이에 들어간들 어떠하리요.
인생 길 따라 가다 보면
얻는 것도 있고 잃는 것도 있는데
굳이 어느 쪽이 더 많은지 헤아려 무엇하랴.

어차피 모두를 얻는 것, 그것이 인생 길인 걸.
잃는다 생각 말고 얻는다 생각하면
스스로 낮추어지니
그 누가 얕보거나 비웃으리.

총명한 사람은 마땅히 그 재주를 거두어 감추어야 하는데 도리어 드러내어
자랑한다면 이것은 총명하면서도 어리석고 병폐에 빠져 있음이니
어찌 실패하지 않겠는가.

- 채근담

 인간의 위대함은 자기 자신의 보잘것없음을 깨닫는 데 있다. —파스칼

소걸음 牛步

무거운 수레 끌고 가는 저 소 좀 보시오.
두 눈 크게 뜨고 곁눈질하지 않고 앞쪽만 바라보며
한결같이 걸어가니 소 발걸음은
도무지 흐트러지지 않네.
우리네 인생 걸음은 빠르기도 하고 느리기도 하면서
인생을 희비애락으로 끌고 가니
누구의 인생 걸음에 내 발걸음 맞출까?
어찌 인간은 소처럼 좀 우둔할 줄 몰라,
발로 땅을 굳게 딛고 찬찬히 걸어가려 하지 않는가?
오직 육신의 쾌락을 쫓아 영혼을 뒤로 돌려둔 채
오늘도 숨차게 달려만 가는
욕망의 전차여, 인간들이여!
내일 또 태양이 떠오름이
그렇게도 의심스럽단 말인가?

지하철은 인생 열차

지하철은 인생 열차다.
그 속에 있는 뭇 사람들, 탯줄 끊고 나온 이래
오늘의 삶을 향해 힘들게 달리고 또 달린다.

사람들로 뒤섞여 숨막힐 듯한 지하철 안,
뒤범벅이 된 질서는 서 있어야 할
나의 자리를 사정없이 앗아가며
곡예의 율동으로 차츰 무질서를 정리한다.
떠밀려 나의 자리 빼앗기지 않으려고
뱃속 아기 탯줄 잡듯 손잡이 꽉 움켜잡고 서서
탁 트인 공간에서 자유의 몸이 되어
큰 숨 한 번 들이쉴,
그 시간을 기다리며 초점 잃은 시선으로
꺼먼 창만 바라본다.

밖에 서 있는 사람들이 무척 안타까워 보인다.
저들도 곧 나처럼 인생의 감옥에 갇혀
한 방향으로 내달리겠지.
어떻게든 타는 것만으로 인생의 승리자로 느껴지는
지하철이란 인생 열차.

지하철이 멈출 때마다 쏟아져 나오는 군상들.
큰 숨 한 번 들이쉬고는 구겨진 옷처럼
지친 육신을 가누면서
발길 재촉하여 삶의 현장으로 다시 질주한다.

또 다시 타야 할 인생이란
지하철은 이미 기억 속에서 사라진 지 오라다.
그 속에 묻혀 온 나의 자아도
그만 함께 사라져 버렸다.

고기는 물을 얻어 헤엄치지만 물을 잊고,
새는 바람을 타고 날지만 바람이 있음을 알지 못한다.
이것을 안다면 가히 외물(外物)의 얽매임에서 벗어나
하늘의 작용을 즐길 수 있으리라.

— 채근담

.... 열여덟 살의 추억

여름철 병마의 긴 터널을 묵묵히 지나온 나는
홀로 된 외기러기,
따뜻한 햇빛 쪼이며 마루 끝에 앉아
먼 하늘 쳐다보곤 했다.
하늘이 점점 높아지고 파란색이 짙어 가는 가을,
담장 너머 빨간 감 쳐다보며
나는 조용한 고독이 더욱 좋아졌다.
삶의 깊은 뜻은 고독 속에 있고
고독은 강인한 의지에 의해 탐스럽게 익어간다.
그러기에 고독은 더 이상 고독이 아니라
즐거움이 되었다.
저 건너 학교에서 아침마다 "아~ 가을인가…"라는
노랫소리가 울려 퍼질 땐 가냘픈 그리움이
가슴속에 스며들고
나는 온통 가을로 채색되었다.

그리움과 고독의 가을,
뜨거운 여름철이 있었기에
가을에 거두는 풍성한 열매가 남고
열매의 씨앗이 있기에 다시 봄이 찾아오며
그 새봄은 씨앗을 품어 싹을 돋운다.
새벽녘 쌀쌀한 바람이 콧등을 스친 지가
어제 같은데 벌써 새봄이 아침을 밝힌다.
봄바람이 땅을 스치고 가니
여기저기서 연초록 새싹들이
땅 속에서 솟아올라 한껏 기지개 펴고
내 눈만큼 자란 싹들이
상쾌한 아침 햇살 받으니
풀잎에 맺힌 이슬방울 영롱한 진주 알 같아라.
나는 초록에 그만 눈이 부셨다.
솔솔 부는 봄바람은 풀 내음 듬뿍 실어와

야윈 내 얼굴 쓰다듬고
훈훈한 땅 내음은 지친 내 몸에 원기를
돋우어 주었네.
매일 아침 들판에 나와 앉아
생명의 신비가 펼쳐지는 봄의 세계를
조용히 응시하며 생동하는 자연과 벗이 된 채
탄생의 경이로움에 휩싸여 나는
한 포기 파란 풀이 되었다.

고행과 순결, 그리고 진리에 대한 통찰력과 체험,
이것이 더 없는 행복이다.

―숫타니파타

인생 여정 人生旅程

어린 시절부터 고독이 몸에 배었기에
고독은 삶 그 자체로 받아들여졌고
또 고독이 무엇인지 모르면서도
그것이 그렇게 좋았다.
외로이 홀로 앉아 책을 보거나 사색하는 것이
너무나 좋았기에
설날이나 추석의 명절 때도 대학의 빈 강의실을
조용히 찾아다니곤 했다.

거리를 걸어갈 때는
지나치는 사람들의 갖가지 표정을 읽어보고
또 내가 해 온 것과 해야 할 것을 정리하며
걷는 것에 무척 익숙했다.
걸음을 걸을 때도 똑바르게 걸어가려고 노력했는데
그것은 직선이 곡선보다 짧기 때문이다.

걸음걸이를 하나 둘 세어가며 걷기도 하고
걸음을 빨리 하여 앞서가는 사람을 따라잡는 재미로
피로를 잊기도 했다.

어릴 때부터 나는 커서 무엇이 되겠다는
특별한 목표는 없었고
어느 위인을 닮겠다는 생각도 해 본 적이 없다.
항상 주어진 일에 충실하면서 열심히 살아가는
그 자체가 아마 나의 인생 목표였나 보다.
비록 가난했지만 돈이나 명예, 그런 것에는
애초부터 관심이 없었다.
오직 남에게 피해를 끼치지 않고,
가능한 은혜도 입지 않으며,
그러나 은혜를 입을 경우
반드시 갚아야 한다는 생각만이 내 생활의 신조였다.

때가 되면 자리를 물러나 내가 그 동안 하지 못한
새로운 분야를 배우고 사색하며
조용하게 지나는 것이 진실한 나의 바람이었다.

아는 것이 많기에 말이 많아야 하고
논리가 복잡하기에
흑백이 잘 가려지지 않는 고달픈 현대문명.
인간 삶의 수레바퀴를
뜨거운 불 속으로 밀어 넣고 있는
오늘날의 한심하고 치졸한 문화.
이러한 복잡한 세상살이에 능숙하지 못했기에
내 작은 생각만으로 모두 이해하기란 불가능함을
일찍이 모른 바는 아니었다

집단이 다르면 정신문화와 생활풍속도 달라짐은
지극히 당연한 일,
구체적이고 자세한 내용은 오직 경험을 통해서만
직접 습득할 수 있는 일,
그런 일에 익숙하지 못한 나는
노련미가 부족한 삶이 될 수밖에 없었고
넓은 인생에 대해 무식할 수밖에 없었다.

그러기에 나머지 삶을 내가 설정한 목적어 따라
살아갈 수는 있지만
그 실천 과정이 생각보다 너무나 복잡함을
현실에서 맛보고 나니 내가 비정상적 인간인지
상대방이 비정상적인 사고의 소유자인지
분간이 안 된다.

경쟁적 삶에 푹 찌든 오늘의 인간 군상들.
모두가 이 세속의 틀을 벗어나지 못한 채
속박되어 있다.
오직 자기 자신을 온전히 잊어버림으로써
자신의 본성을 드러낼진대
그것은 고사하고 모두가 자신을 내세우는
유난히 반짝이는 거울 하나씩 들고
서로 연신 비추어 대니
눈이 부셔 도저히 앞을 볼 수가 없어
아무것도 분별할 수가 없다.

내가 나를 내세우는 그 잘난 거울을 몰랐던
어린 시절이
얼마나 순수하고 소중했나를 이제야 알 것 같다.
비 오고 천둥번개 치면 놀란 가슴속에 빗물 흐르고
눈이 오면 흰색의 옷을 입은 천지(天地)처럼
내 마음이 희어지고 아늑해지며
자연과 내가 하나되던
어린 시절의 단순한 삶이 그 얼마나 즐거웠던가!

지식과 지혜가 부족했던 그 시절의 순수함이
어쩌면 인간 본래의 참 거울이며
내가 앞으로 가야 할 삶의 길도
그 모양 없는 거울을 지닌
천진스런 어린아이의 삶과 같아야 할 텐데!
그래서 "사람이 늙어지면 어린아이가 된다"고
했던가?

큰 사람^^은 그의 어린 아이 때의 마음을 잃지 않는 사람이다.

―맹자

생사에서 벗어나려면 먼저 탐욕을 끊고, 애욕의 불꽃을 꺼버려야 한다.
―선가귀감

시간의식 時間意識

현재는 순간이며 찰나요,
과거와 미래는 길고 긴 시간이다.
그러니 인생은 어차피 과거에 살고
미래에 의지할 수밖에 없다.
순간인 현재에 일어나는 의식 활동은
찰나에서 생긴 것이니
이를 믿고 미래를 확신하기란 여간 어렵지 않다.
그래서 인간은 방황하는 미래의 동물이다.

그런데도 어떤 사람들은 보지도 못한 미래를
자신 있게 장담하곤 한다.
"극락이 있고 천국이 있고 연옥이 있고
지옥이 있다"고.
그리고 또 "지옥에 떨어질 것을 극락이나 천국으로
바꾸는 길도 알고 있다"고.

그렇다면 이들 인간은 방황하는
미래의 동물이 아니라
영원을 현재처럼 살아가는 신(神),
더 이상 인간이 아니다.

인정 있는 주고받음의 세계,
번뇌와 망상이 일어나는 세계,
절망과 희망 사이에서 방황하는 세계.
비록 짧은 찰나의 현재지만
이들 과거의 시간의식 속에서
현재의 순간들로 나열해 보는 세계.
이 모든 것이 인간 본연의 실제 세계다.

어딘가에 무엇이 있을 듯한 바람에서 시작되는 방황.
그 끝이 아득한 낭떠러지면 어떻고
깊은 강물이면 어떠랴.
인생이란 방황, 그 자체에 의미가 있는 것이 아닌가?
아무리 아름다운 꽃도 일단 꺾어 버리면
그것은 더 이상 꽃이 아니라 죽음이다.
그런데 인간들은 생활 속에서
그 순간을 아름답게 즐긴다.

과거의 시간의식 속에서 지나간 현재들을
차례로 나열하여
사진을 만들고 흘러간 장면을 영화처럼 바라보라.
또 열정적으로 방황했던 현재의 순간들을
과거 시간의 한순간에 수직으로 나열해 바라보라.
그 속에는 반드시 그대의 참 모습과

거짓 모습이 모두 들어 있다.
그 중에서 어느 것을 최종적으로 선택할지는
그대의 뜻에 달렸고
또 영화의 전체적 평가도
마땅히 그대 스스로가 해야 한다.
어느 날 그대의 영화가 막 끝나려는 순간
더 이상 그대에게는 현재라는 시간이 존재하지 않고
오직 과거의 시간만이 남아 있을 것이다.
그것도 지극히 평범한 과거만 말이다!

재앙은 덧없이 심한 욕망 때문에 생기며,
우환은 분수에 넘치게 얻으려 하기 때문에 생기고,
화는 만족을 모르는 정도가 더없이 크기 때문에 생기는 것이다.

—노자

나이 사십이 되고서도 남에게 미움을 산다면 그것으로 끝장일 뿐이다. —논어

시간⑴

어릴 적엔 마냥 즐거운 어린아이가
시간을 먹고살기에 하루가 짧았는데
늙어서는 흐르는 물 같은 시간이
무료한 노인을 먹고살기에
하루가 길기만 하네.
만사가 신기해 보였던 어린 시절엔
낮이 무척 짧았는데
이제 세상사 알 만큼 늙어지니
한낮이 길기만 하구나.

육신의 시간은 어린이나 노인에게 똑같이 가는데
마음의 시간은 늙어지면 느리게 가니
이것은 심장의 고동소리가 점차 줄어들기 때문인가?
시간의 길고 짧음이 원래는 없는 것인데
인간의 묘한 마음이 시침을 함부로 돌리니
마음의 시계를 만법(萬法)의 시계에 맞춤이
어린 시절의 나를 다시 찾는 방법이 아닐는지?

시간 ⑴

지구가 움직여 가는 궤도 따라 사계절이 생기고
그것은 끊임없이 계속 이어지고 있다.
작년의 1월 1일 영 시나, 올해의 1월 1일 영 시는
지구가 궤도상에서 같은 지점을 지난다는 뜻이다.
지금까지 약 46억 년을 그렇게 지나왔다.
그런데도 사람들은 연초(年初)를 야단스레 치장하며
야릇한 환상으로 호들갑을 떤다.

새 천년이 지난 천 년과 시간상으로 다른 것이란
아무것도 없는데도
새로운 2,000년대에는 무슨 기적이 일어날 것처럼
야단법석 떠는 꼴이란, 마치 불난 집을 구경하는
공포 반 호기심 반의 어린아이 같아
불안하기 그지없다.
시간 따라 흐르는 인간사에서 불연속의 단절이란
있지 않는데도
과학의 무기를 사용하여 단절된 비약을 꿈꾸며
아라비안나이트를 여행하고 싶어한다.
그곳에서 큰돌을 굴려 올리고 있는
지친 시지프(Sisyphe)를 만날지도 모르면서!

인생에서 가장 중요한 시간의 점이란
첫째 탄생의 점이고, 둘째 죽음의 점이며,
셋째 결혼의 점이다.

탄생의 점은 나의 존재를 알리는 것이요,
죽음의 점은 새로운 탄생의 씨앗이 되며,
결혼의 점은 생산의 계기가 된다.
이 세 점들 중에서 인간의 의지에 따르는 것은
오직 결혼의 점뿐이다.

시간의 점이란 흐르는 물에서 갑자기 생겼다
사라지는 거품 같은 것이기에 허망하기 짝이 없다.
그런데도 사람들은 살아가는 자신의 인생 길에서
특별한 시간의 점들을 찍으며
거창하게 장식하기를 좋아한다.
지나간 시간이 기적을 남기지 않았다면
흐르는 시간을 억지로 잡아 점을 찍지 말자.
만약 억지로 점을 찍으면
시간은 마음에 큰 점이 되어
고통의 상처를 남길 것이니.

옛 것을 너무 좋아하지 말고, 새 것에 지나치게 매혹 당하지 말라.
그리고 사라져 가는 것에 대하여 지나치게 슬퍼해서도 안 된다.
—숫타니파타

현자는 자기의 행동을 다스리고, 현자는 자기의 언어를 다스리고,
현자는 자기의 마음과 생각을 다스리니
그는 완전하게 자기를 다스리는 사람이다.

─법구경

무지(無智)와 지혜(智慧)

무지(無智)는 선과 악을 낳고, 횡포를 낳을 수 있지만
지혜는 이에 더해 아만(我慢)과 아욕(我慾)을
낳을 수 있으니
지혜로운 자가 무지한 자보다 반드시 더 뛰어남을
어찌 보장할 수 있으랴?
더욱이 오만스런 지혜는
인간을 깊은 어둠의 끝도 없는 심연 속으로
끌고 감을 그 누가 막을 수 있으랴?

세상의 진리를 떠받들고 있는 종교인들이여!
그대는 진정 지혜로운가?
무지(無智)와 무명(無明)이 지혜와 다름을 분명히
구별하는가?
만약 그렇다면 그대는 아직도 분별이 심해
지혜의 망망 대해(大海)에는 이르지 못했구려.

그대 뜻대로

사물을 직시하고 관찰하는 그대 눈초리는 밝았고
이를 설명하는 유창한 말솜씨나 빈틈없는
합리적 사고는 정말 훌륭했소.
그런데 어찌 그대 말에는 거친 현상만 남아 있고
존재의 본질은 보이질 않소?
더욱이 그대의 마음과 존재의 본성에 대한
우주적 마음이 빠져 있는 것 같고
윤기 없는 장황한 논리에는
신비감조차 없어 보이오.

그대 눈에는 이 세상이 아주 완전한 것으로 보이며
어딘지 짐작하기 어려운 애매모호한 것들은
전연 감지되지 않는지?
인생살이가 늘 불확실하듯
만유(萬有)의 존재와 그 현상도
인간이 더 가까이 다가갈수록
더욱 불완전하고 불확실해지며
의심이 더 많아짐을 그대는 경험한 적이 없소?
그대는 너무나 틀에 박힌 합리적 사고와
이기적인 만용(蠻勇)의 습(習)에 얽매여
뜻대로 잘 되지 않는 세상의 창을 열어보기가
두려운 것은 아닌지?

그리고 그대는 편협하고 단편적인
사고의 우물에 갇혀
타인의 웃음거리가 되고 있음을
한번도 느껴본 적이 없는지?

자연을 감싸고 인간 세상을 감싸는 데는
마음의 두 팔이 필요하오.
그대는 마음의 한쪽 팔을 잃은 지 이미 오래라
자신이 마음의 불구자임도 잊고 있소.
그러니 그대가 어찌 세상을 따뜻하고
온화하게 감쌀 수 있겠소.

진정 그대가 올바른 삶을 다시 찾고자 한다면
잃어버린 마음의 다른 팔을 하루빨리 찾아내시오.
그리고 양 팔로 인간과 자연을 뜨겁게 감싸안는
희열을 느껴 보시오.
그러면 세상 만사가 그대 뜻대로 되지 않음이
얼마나 다행스럽고
자연스러운가를 진정으로 느끼게 될 것이오.

일이 뜻대로 되지 않음을 근심하지 말며, 마음이 유쾌함을 기뻐하지 말라.
오랫동안의 편안함을 믿지 말며, 처음의 어려움을 꺼리지 말라.

— 채근담

큰 지혜는 여유 있고 한가로우나 작은 지혜는 사소하게 따진다.
훌륭한 말은 활달하나 보잘것없는 말은 수다스럽다. —장자

허위와 진실

말의 마디가 길고 화려하고 번다하고
논리가 빈틈없어 보이면
위엄과 권위가 따를 듯하지만 그러한 말 속에는
허위와 불안감이 들어 있기 십상이다.

그러나 말마디가 짧고 어눌하여 부족한 듯하며
알 듯 말 듯한 애매함이 들어 있는
서투른 말에는 진실함과 여유가 엿보이며
듣는 자가 생각할 수 있는 여분의 말이 남게 된다.

말은 유한한 경험세계와 무한한 초월세계에서
두루 생겨나는 것이므로
엉성하고 명확치 못한 말에는
깔끔하고 매끄러운 유창한 말보다
더 많은 내포(內包)와 신비감이 숨겨져 있다.

명상

무엇을 그렇게 심각하게 따지오?
잘난 척 하는 그대는 오만의 성(城)이
무너질까봐 지금 공포에 떨고 있소.
수많은 사람 중에 그대 생각만이 언제나
가장 정당하고 존귀하다고
그대는 우겨대고 있소.
이것이 그대의 진실한 겉모습이고
내면의 영혼이라면
더 큰 불행이 닥치기 전에
하루 빨리 마음을 교정해 봅시다.

눈을 살며시 감고 호흡을 점차 낮추면서
깊은 명상에 들어가시오.
캄캄한 적막 속에서 아무것도 잡을 것 없는
텅 빈 가운데

차츰 두려움이 사라지면서 마음은 평온해지고
어둠이 사라지면서 다시 밝은 광채가 나타날 것이오.
그러면 지금까지 경험한 적이 없는
미물(微物)의 다양한 소리 들려
함께 사는 의미를 깨닫게 될 것이오.

자, 이제 그대는 우주와 합일(合一)했소.

이러한 명상을 그대로 지닌 채
이제 눈을 살며시 뜨시오.
그리고 그대로 세상을 바라보시오.
탁, 놓아버림이 꽉 잡는 것보다
훨씬 소중하고 진실한 것임을
그대는 이제 잘 알 것이오.

분노를 포기하라. 자만심을 버려라. 모든 집착으로부터 벗어나라.
몸과 마음에 집착이 없는 자는 고통의 불행에 떨어지지 않는다.

—법구경

...... 존재

나는 거울을 들여다본다.
얼굴 모습을 훑어보며 생김새를 확인한다.
거울을 뜰 쪽으로 돌려 꽃잎 위에 앉아 있는
노랑나비와 그의 나래 짓을 본다.
거울 속에 비추어지는 것들은
그것이 그곳에 있기 때문에 내 눈에 들어올 수 있다.

다시 거울을 들여다본다.
그 속에 나의 어릴 때 모습이 훌쩍 스쳐가더니
생명을 얻던 한 순간의 영상이 어렴풋이 비추어진다.
그리고 날아가는 나비에서는 그것이 태어나기 이전,
번데기 때의 모습이 시간을 타고 뒤로 흘러간다.
거울 속을 깊이 들여다볼수록
나와 나비의 모습이 점점 작아져 가더니
갑자기 환한 빛만 남긴 채
모습이 완전히 사라져 버렸다.

나는 이미 나비의 등을 타고
천공(天空)을 날고 있었다.
노랑나비의 나래 짓은 우주의 기운을 일렁이고
이 요동에서 갖가지 신비가 살며시 비추어진다.

옛 말에 이르기를, '사람을 볼 때에는 다만 그 생의 후반을 보라' 고 하였으니
참으로 명언이다.

— 채근담

비둘기와 어느 예술가의 혼

창문 밖 난간에 앉아 조용히 귀 기울여
감미로운 음악을 듣는 예쁜 비둘기 한 마리.

너는 틀림없이 전생에 유명한 예술가였나 보다.
고전음악을 무척 사랑했고 또 작곡을 했거나
연주를 열심히 했던
그 예술가의 혼이
지금 너를 이토록 음악에 심취토록 하나보다.

비발디, 바하, 브람스, 모차르트, 베토벤, 슈베르트,
차이코프스키, 라흐마니노프, 로시니 등,
이들의 음악을 조용히 감상하는 너의 모습은
너무나 진지하고 엄숙했어.

음이 높아지거나 빨라질 때면 머리를 치켜세우거나
소리나는 내 방 쪽으로 고개를 갸우뚱거리며
무엇인가를 나에게 전하려 했지만 어리석은 나는
너의 깊은 마음 도저히 헤아릴 수 없어
얼마나 안타까워했는지.
꼼짝도 않고 한자리에서 한 시간 이상
조용히 음악을 듣고 있는
너는 도대체 어느 위대한 예술가의 영혼을 지녔는가!

인간의 고뇌와 고통을 천상으로 승화시킨
바하의 영혼을?
천상에서 지상으로 내려온 모차르트의 영혼을?
지상에서 천상으로 올라간 베토벤의 영혼을?
슬픔과 고독을 애절한 아름다움으로 승화시킨
슈베르트의 영혼을?
'어느 위대한 예술가를 기념하여' 라는
피아노 삼중주곡을 쓴
차이코프스키의 영혼을?

나는 이제까지 그토록 고전음악을 깊이 감상하는
동물을 본 적이 없다.
음악소리를 찾아 내 방 창문으로 날아온 비둘기야,
너는 음악을 들으며 무엇을 생각했느냐?
또 너의 핏속에 흐르는 전생(前生)의 어느 예술가의
뜨거운 열기를 느꼈느냐?

평화로움이 스며든 맑고 순수한 너의 눈은
듣고 있는 음악의
옛 배경을 그리며 그 시절로 돌아가는 듯 했었지.
음악이 끝나자 훌쩍 날아가 버리는
너의 뒷모습을 바라보며,
기약 없이 만난 너와 헤어짐이 너무나 아쉬워
슬픔을 슬픔으로 달래려고
나는 비탈리의 샤콘느를 들었다.

'말이 없다'는 것은 아주 말이 없는 것이 아니라,
말을 하면서도 말이 없는 것이다. 이렇게 말을 하면서도 말함이 없으면,
한평생 말을 해도 말함이 없는 것이다.

—장자

신비

신비(神秘)함이란
잡으려 하면 잡히지 않고
끊으려 하면 끊기지 않고
보려 하면 보이지 않고
말하려 하면 말이 나오지 않고
들으려 하면 들리지 않고
생각하려 하면 생각이 막히고
끝이 있는 듯 하면서도 끝이 없어 보이는 것이다.

신비하고 기이하며 우뚝하고 이상한 것이 지인(至人)이 아니라,
지인은 다만 평범할 뿐이다.

− 채근담

……… 가을의 신화

　　　길가의 코스모스는 가을날을 화사하게 수놓으며
　　　나의 어린 시절을 살며시 실어다 준다.
　　　누런 들녘에서 메뚜기 잡고
　　　개울을 뒤지며 미꾸라지 잡던
　　　즐거운 시절이 어제 같은데
　　　내 인생의 코스모스는 벌써 지고 말았네.
　　　물을 쭉쭉 빨아들이는
　　　싱그러운 초록의 봄이 있었기에
　　　이 물을 삭혀서 형형색색으로
　　　옷을 갈아입으며 열매 맺고
　　　바야흐르 창조의 조화가 결실 맺는
　　　가을이 찾아왔다.

자연의 가을은 섭리 따라 풍성한 열매를
자연스레 거두어들이는데
인간은 전통이니 교육이니 하는 따위의
온갖 문화의 색소를 먹이고 바르면서
자손이란 열매를 인위적으로 길러낸다.
특히 오늘날에는 문명의 힘을 빌어
원초적 의식이나 신비감이 전혀 없이
신화를 모르는 기계적인 인간 열매를 길러내고자
바쁘게 열을 올린다.

뜨거운 태양이 서쪽으로 떨어지면
밤에는 밝은 달이 떠오르고 새벽에 다시 태양이
동쪽에서 떠오르는 것이 무척이나 신비롭던 시대.
그때는 한발로 땅을 딛고 다른 발을 무한의 세계로
넓게 내뻗으면서
신화를 만들어 갔기에
인간이 순박한 무의식의 꿈을 지니며 살았고
코스모스에도 신비의 꿈이 가득 담겨 있었다.

문명이란 두꺼운 탈을 쓰고
자연에 대해 너무나 오만 방자해진 인간들이
옛 선조들이 지녀왔던 저 피안의 초월적 세계를
모두 잊어버린 채
두 발로 땅만 밟고 마구 날뛰고 있기에
혼란스런 마음속에서 신비로운 신화의 세계는
차츰 사라져 가고 있다.

쾌락만을 좇아 분주하게 방황하는 인간들에게는
코스모스가 단순한 꽃으로만 보일 뿐
그것의 본성에 대한 깊은 의문이나
탄생과 소멸에 대한 신비감을 느껴볼 겨를도 없다.

오늘날 자연을 잃어버린 우리들 모두는
윤택한 원초적 인간 본성의 소멸을 준비하는
인류의 마지막 가을을
우리 스스로가 끌어들이는 것은 아닌지.

숲 속에서 자유로운 사슴이 먹이를 구하러 가듯,
지혜로운 이는 그 자신의 길만을 생각하면서
저 광야를 가고 있는 코뿔소의 외뿔처럼 혼자 가라.

— 숫타니파타

문명 상자

이성적이고 합리적이며
양극 중에서 하나를 택해야 하는
단순 논리적이고 기계적인 서구문명은
인간을 하나의 틀 속에 담아두는 문명 상자를
하나씩 선물하고 있다.
문명 상자는 인간이 태어나 성장하는 동안
전통, 관습, 교육 등을 통해
그 상자의 모양이 정해지고 겉이 예쁘게 치장된다.
우리는 언제나 이 상자를 뒤집어쓰고 다니면서
문명인이라 자처한다.

정치가는 겉치레가 요란하나
속히 훤히 보이는 거짓 상자로,
교육자는 단단한 듯 하면서 모가 많이 난
날카로운 상자로,
예술가는 조화를 띤 듯 하나
자유분방한 다양한 상자로,
노동자는 거친 듯 하면서도
수수한 모양의 평범한 상자로
모두 잘 포장되어 있다.
그러나 어디 그뿐인가?
종교인들조차도 규격화되고 치졸한
세속의 문명 상자를 즐겨 쓰고 다닌다.

복잡한 현대생활에서는 사람들 사이에
문화의 충돌이 빈번히 일어나고 있다.
이때 문명 상자가 튼튼치 못한 사람이
강한 문명 상자를 가진 사람과 충돌하게 되면
마치 작은 승용차가
큰 트럭과 심하게 충돌할 때처럼
약한 상자는 부셔지고 찢어져
그 상자를 쓴 사람은 다치거나 죽게 된다.
고도의 문명사회에서 사람들은 이처럼 상호간에
문명 상자의 격심한 충돌을 겪으며
현대를 힘들게 살아가고 있다.

현대인은 지극히 이기적이므로
자기의 문명 상자 밖을 내다보려 하지 않는다.
그리고 이 상자를 벗어버림은
현대적인 생활의 포기로
곧 죽음을 의미한다.
그래서 현대인들은 모두 문명 상자라는
자신의 제한된 단편적 사고로
문명에 떠밀리며 살아간다.

각자의 문명 상자를 얼마나 튼튼히
또 얼마나 화려하게 만들어 가느냐가
현대인의 존재 가치요 권위의 상징이다.
이것은 생존경쟁에서 승리를 위한 중요한 수단이다.
오늘날 각자의 문명상자는
모두가 일정한 형태로 잘 규격화되어가고 있다.
이것은 첨단 과학문명의 세계화와 규격화 때문이다.
기계화된 의식만이 난무하며
우주적인 심원한 인간 본성의 무의식은
점차 퇴행하고 있는 오늘날의 문명 상자 속에는
머리가 크고 가슴이 작으며
물질적 체온은 있으나 정신적 따스함이 없고
현실적 세계는 있지만
초월적 세계가 없는 그러한 사람들이
가득 들어 있다.

그러기에 나는 존재할 수 있고 또 존재해야 하지만
너는 나를 위해 존재하지 않을 수도 있고
또 존재할 가치도 없는
한갓 물질적이고 기계적 존재로 전락될 수도 있다.
이런 현상은 오늘날 전 지구적인 경쟁적 문명세계가
초래한 위험스런 지구 종말적 양상이다.

천하를 있는 그대로의 자연에 맡겨 둔다는 말은 들었어도
천하를 다스린다는 말은 듣지 못했다. 천하를 스스로 있게 함은
천하가 그 본성을 어지럽힐까 두려워하기 때문이요,
천하를 너그럽게 함은 그 덕을 변하게 할까 두려워하기 때문이다.

―채근담

참 마음

깊은 심연의 바다는 조용히 일렁이며
공기와 끊임없이 이야기를 나눈다.
햇빛 비치면 바다는 가려워 잔 물결 일으키고
천둥번개 치며 비바람 몰아칠 때는 찡그리며
높은 파도 일으킨다.

그러나 이것도 잠시 자비로운 바다는
다시 잠잠해지며
공기와 소곤소곤 대화를 나눈다.
바다처럼 깊고 넓은 마음 그곳에도
항상 조용히 일렁이는 잔 물결 있으니
이것은 주고받는 마음이 살아 있기 때문이다.

만약 완전히 고요한 거울 같은
수면의 마음을 얻고자 하면
주고받음의 조화를 이룰 수 없기에
참 마음은 죽은 마음으로
더 이상 그 속에 내가 들어 있지 않다.
사람이면 누구나 일렁이는 마음에서
불안이 생기지만
이것은 결코 특별한 것이 아니라
너와 내가 살아 있기에
생기는 평범한 삶의 굴곡, 주고받음일 뿐이다.

그러나 마음의 바다가 접싯물처럼 얕다면
작은 바람에도 마음이 쉽게 흩어질 것이니
변화에 순응하면서도 마음의 바다를
더욱 깊게 함이
참 마음에 이르는 첩경이리라.

고요한 가운데의 고요함은 진정한 고요함이 아니니,
움직이는 곳에서 고요함을 얻을 수 있어야
이것이 바로 천성의 참다운 경지이다.
즐거운 곳에서의 즐거움은 진정한 즐거움이 아니니,
괴로움 가운데서 즐거움을 얻을 수 있어야
곧 마음의 참다운 기미를 볼 수 있다.

―채근담

욕망의 허상

산을 오름은 내려오기 때문이요,
꽃이 피는 것은 지기 때문이며,
가득 채움은 비움이 있기 때문이다.

산에 올라 있는 시간보다
내려와 있는 시간이 더 길며,
꽃이 피어 있는 시간보다 지고 없는 시간이 더 길고,
채움의 시간보다 비어 있는 시간이 더 길다.

그런데 사람들은 산에 오르기를 더 좋아하고
피어 있는 꽃을 더 좋아하며 충만함을 더 좋아한다.
찰나의 쾌락과 환영을 좇아
헤매는 자에겐 불안과 두려움이 함께 하며
고요한 영원성의 신비가 머물지 못하기에
오늘이 내일을 먹고산다.

욕망은 슬픔을 낳고, 욕망은 두려움을 낳는다.
욕망으로부터 해탈한 사람은 슬픔이 없거니 어찌 두려움이 있으랴.

―법구경

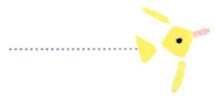

조약돌

맑은 냇물에서 반짝이는 하얀 조약돌 하나.
너의 동글동글한 모습은 억겁의 세월을 머금었구나.

네가 처음 햇빛 받으며 이 세상에 나왔을 때는
무척 거만스러웠겠지?
날카로운 모서리로 이웃을 마구 찔러대면서
자만심에 사로잡힌 너는
수많은 충돌로 뾰족한 모서리가
떨어져 나가는 것도 모른 채
물결 따라 춤을 추었겠지.

너의 거친 옛 모습이 숱한 세파에 시달리면서
이토록 매끄러워진 것은
어루만져 주는 이웃의 끊임없는 손길이었음을
너는 진정 알고 있느냐?
너에겐 서로 닮은 많은 이웃이 있기에
주고받은 숱한 이야기를 읽을 수 있고
지극히 평범해진 너의 모습에서
조화로운 변화의 섭리를 뚜렷이 엿볼 수 있구나.

대개 지극히 높은 것은 지극히 평범한 것에 있고,
지극히 어려운 것은 지극히 쉬운 데서 나오는 것이니,
뜻이 있으면 도리어 멀어지고 마음이 없으면 저절로 가까워진다.

—채근담

 모서리

젊은 산일수록 봉우리는 뾰족하고
늙은 산일수록 봉우리는 둥글다.

젊은 사람일수록 마음이 뾰족해 모가 많으며
늙은 사람일수록 마음이 넓어 둥글다.

뾰족한 모서리는 남을 마구 찌른다.
모난 돌이 정 맞듯이 뾰족뾰족한 모서리는
오래 가지 못한다.
모서리는 원래로 약한 부분이다.
벼락도 뾰족한 모서리를 때린다.
모가 나고 각이 진 사람일수록 강한 척 보이지만
실은 마음이 가볍고 중심이 허약하다.

마음의 모가 줄어들수록 마음이 넓어지고
중심이 무거워지면서
얼굴에는 주름이 길고 깊게 생긴다.
가지런하고 깊은 주름은
인생 여정에서 생긴 고된 수행의 표시들이다.

진실로 청렴한 것은 청렴하다는 이름조차 없으니,
이름을 드러내는 사람은 바로 탐욕스럽기 때문이다.

－채근담

잘못된 선택

아름다움을 추구하며 노래하는 그대여,
그대 뒤에는 추함이 따르네.

행복을 찾아 쉼 없이 달리는 그대여,
그대 뒤에는 불행이 따르네.

기쁨을 쫓아 헤매는 그대여,
그대 뒤에는 슬픔이 따르네.

가장 아름답게 느끼며, 가장 행복하고, 가장 기쁠 때,
추함과 불행과 슬픔이 움트기 시작하는 걸.

짜증내고 불평하며 후회한들 무엇하랴.
이들은 마치 겉과 속, 앞과 뒤처럼
언제나 함께 있는 것인데
처음부터 이들을 분별하고 차별하며
잘못 선택한 그대의 어리석음 탓인 것을!

달콤하고 좋은 것만 집착해 마구 달리다 지쳐서
걸음 멈추고 뒤돌아보면
추함, 불행, 슬픔, 아름다움, 행복, 기쁨 등은
어느새 뒤가 되고
비로소 진실이 싱긋 웃으며
그대 품속으로 살며시 안겨 올 것이다

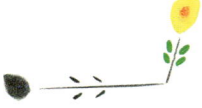

아름다움에는 추함이 포함되고, 착한 것에는 착하지 않음이 들어 있다.

―노자

성질이 조급하고 마음이 조잡한 사람은 한 가지 일도 이룰 수 없되,
마음이 온화하고 기질이 평온한 사람은 백 가지 복이 저절로 모여 든다.

- 채근담

조화

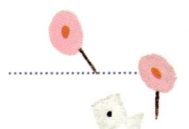

인간은 아름다움을 찾고,
아름다운 인생이면 온 세상이 다 아름다워 보인다.

누구나 불행을 싫어하기에 행복을 열망하며
끊임없이 이를 찾아 헤맨다.
사람들은 선악을 만들어 놓고 악을 저주하며
선을 취하도록 강요한다.
사람들은 환상의 날개를 달아 잡히지 않는
사랑을 좇아 끝없이 방황한다.

그런데 아름다움과 선(善)은 외발이니
인생의 먼 길을 온전히 끌어갈 수 없고
행복과 사랑은 외팔이니
오래도록 행복을 꼭 잡아 줄 수 없다.

그러나 조화는 두 팔과 두 발을 다 지녔으니
어디든 갈 수 있고 무엇이든 잡을 수 있으니
아, 그 누가 조화를 싫어하랴!
조화 속에는 아름다움과 추함도 있고
행복과 불행도 있지만,
이들이 서로 구별되지 않으며
선(善)은 조화로운 행(行)이고
사랑은 조화로운 믿음이니
조화로운 인생 길은 모든 언구(言句)가 함께 가는
무심(無心)의 길이리라.

현자는 어떤 것에도 머무르지 않으며,
사랑하지도 않고 미워하지도 않는다.
―숫타니파타

.... 老子의 놀이

장대 같은 소나기가 힘차게 쏟아지자
마당의 흙이 파이며 금방 물이 고인다.
넘치는 물은 낮은 곳으로 흐르면서
작은 도랑을 만든다.

다시 하늘이 맑아지며
따가운 여름 햇볕 내려 쪼이자
마당의 물은 곧 사라지고
작은 고랑의 바닥은 흙을 드러낸다.

주면 받는 것이 땅이요, 뺏으면 주는 것이 땅이다.

여기서 노자의 조용한 주고받음의 놀이가
끊임없이 일어난다.
그런데 오늘날 우리들은
대지의 너그러움을 잊은 채
땅에 심한 병을 심어왔다.

그런데도 인간들은 기계적인 물체에
몸과 마음이 얽매인 환각 상태에서
대지의 신음 소리에 무관심한 채 환상의 꿈속에서
생명의 마지막 등불이 꺼질 때까지
"자연은 개발되고 정복되는 것이다"라고
악을 쓰면서
오만스런 탐험을 멈추지 못한다.

이 땅에서 친숙했던 노자의 조화로운
주고받음의 놀이는 이미 사라지고
광란적인 혼돈의 놀이가 우리를 반기고 있다.
이것은 네 다리 중에서 세 다리를 잃어버린
타락한 극악(極惡)의 칼리 유가(Kali Yuga) 시대로
우리를 인도할 것이다.

사람은 땅의 순리에 따르며, 땅은 하늘의 순리에 따르며,
하늘은 도의 순리에 따르고, 도는 자연의 순리를 따른다.

—노자

.... 방황

길잡이가 길을 안내하나
길잡이 따라 가는 길 다르고,
뱃사공이 강을 건네주나
사공 따라 내리는 곳 다르며,
의사가 병을 고치지만 병 따라 의사 다르고,
곡식의 모종에서 열매 나오지만
모종 따라 여는 곡식 다르다.

이처럼 보통 사람보다 조금 더 특별하다는
성인이니 군자니 도인이니 선지식이니 하는
소문난 사람들도
만인의 병을 모두 치료할 수 없음은
지극히 당연한데도

세상 사람들은 무슨 몹쓸 병으로
집착의 멍에에 단단히 묶여
귀중한 자신의 존재를 까맣게 잊어버린 채
철새처럼 소문 따라 먹이 찾아 저다지도 헤매는가!

자궁 밖으로 나올 때 소리치며 왜 울었는지,
그 뜻 언제쯤 알게 될까?

귀로 듣고 얻은 것은 눈으로 직접 보고 얻은 것보다 넓지 못하고,
눈으로 보고 얻은 것은 마음으로 깨달아 얻는 것보다 넓지 못하다.

-죽창수필

꿈의 얼개

파릇파릇 돋아나는 풀잎 바라보며
탄생의 소리를 듣는다.
훈훈한 봄바람이 겨울옷을 하나씩 벗기며
여름을 준비한다.
짙은 향기 풍기는 뜰 앞의 붉은 장미는
벌레들을 불러 모으려 시선을 유혹한다.
매미의 긴 노랫소리는 따가운 여름 햇볕과 함께
온갖 열매를 익힌다.
파란하늘 아래서 빨간 사과를 한 입 베어 무는
상큼한 그 맛은
옛 추억을 불러온다.

오관이 없으면 어찌 세상을 알며
계절을 느낄 수 있을까?
그런데 이것도 한 번 지나고 보면
추억의 꿈으로 남는다.
이처럼 현실 세계는 돌아서면 한갓 꿈이 되니
삶이란 한갓 흘러가는 꿈길일 뿐이다.

눈을 감고 자면서도 우리는 온갖 꿈을 다 꾼다.

어린 시절에 장난치며 즐겁게 놀던 동심의 꿈,
돌아가신 조상님들과 이야기 나누는
어렵던 옛 시절의 꿈,
누구와 심하게 다투는 불쾌하고 언짢은 꿈,
하늘을 마구 날아다니는 유쾌하고 자유로운 꿈,
칼에 찔려도 피가 나지 않고

상처도 생기지 않는 신기한 꿈,
높은 산봉우리를 단숨에 오르는 꿈,
괴상한 괴물이 달려와 덮치면
고함 지르면서 잠을 깨는 오금저린 꿈,
어떤 이와 아름다운 추억을 남기는 달콤한 꿈,
오색 찬란한 광휘가 하늘을 뒤덮는 진기한 꿈,
여러 나라를 삽시간에 돌아다니는 여행의 꿈.

이처럼 자면서 꾸는 꿈은 각양각색이며
또한 시간과 공간을 초월한다.
이것은 무의식적인 꿈으로 시간의 연속성을 지닌
깨어 있는 의식세계의 꿈과는 전혀 다르다.

자면서 꾸는 꿈은 집착심이 없기에
상처를 남기지 않는데
눈뜨고 꾸는 꿈은 지독한 집착심 때문에
마음에 큰 상처를 남기기 일쑤다.
한 세상 살아가면서 우리는
자나깨나 꿈을 꾸며 지낸다.
좋은 꿈이든 나쁜 꿈이든
꿈을 완전히 벗어나지 못하는 것이 인생이다

꿈들은 서로 모여 꿈의 얼개를 만들고
이 속에서 다시 꿈을 꾼다.
이 꿈의 얼개는 만유의 인연 관계로 이루어지기에
이 꿈의 얼개가 곧 삶이며 만유의 존재가 진리다.

분노를 정복하는 것은 겸손과 자비,
사악을 정복하는 것은 선과 지혜,
인색을 정복하는 것은 관용과 베풂,
거짓말을 정복하는 것은 진실을 말하는 것이다.

―법구경

神과 인간

우주와 만물을 창조했다는 전지전능한 신은
본래부터 없었다.

다만 인간이 만든 신은 가장 인간다웠다.
그래서 사랑의 신, 평화의 신, 분노의 신,
슬픔의 신으로
그 몸을 다양하게 나타내면서
자기 모순을 마음껏 즐겼던 신은
나약한 인간을 대신하여 상상의 괴물과 싸우며
자연에 대항했다.

인간의 욕망이 창조해 낸 여러 종류의 신들은
점차 교만해지는 인간 곁을 떠나
자연의 본성 그 자체로 되돌아갔다.
그래서 인간들이 갈망하는 완전성이나 절대성,
진(眞) 선(善) 미(美) 같은 선택적인 허상을
떨쳐 버리면서
우주의 성주괴공(成住壞空)을 다스리는
조화의 신이 되고
섭리의 신이 되었다.

우주와 함께 태어난 신은
우주의 원초적 본성을 지녔으며
이것은 감각적 지각에 치우치고 자기 중심적인
인간의 본성과는 근본적으로 다르다.

인간은 고립된 자유의지를 지녔기에
인간 중심적인 창조활동을
지향하지만 신은 열린 자유의지를 지녔기에
만유의 존재의 의미를 포용한다.
이러한 신은 우리 자신 속에도 내재해 있다.

그러나 만물의 영장이란 자만의 환상에
마음이 가려진 현대인들은
신의 부드러운 손길을 뿌리치며
오히려 문명의 이기로
신과 대결을 벌이면서 신을 다스리고 싶어한다.

바쁠 때에 본성을 더럽히지 않으려면
모름지기 한가할 때에 마음을 맑게 길러야 하고,
죽을 때에 마음이 흔들리지 않으려면
모름지기 살아 있을 때에 사물의 도리를 간파해야 한다.

―채근담

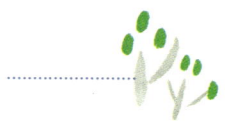

산 정상

가파른 산길을 오를 때 봉우리만 쳐다보고 걸으면
마음이 조급해지며 숨이 차 오르지만
발 아래를 보고 걸으면 마음이 편안해지고
숨결도 평온해지며
산 정상이 조용히 내게 안겨온다.

내가 산 정상을 정복하면 '나' 라는 아상(我相)에
집착하지만
산이 내게 안겨오면 '나' 라는 아상이 떠나간다.

스스로 이미 만족하다 여긴다면 홀연히 끝없는 아만이 생긴다.
—능엄경

........깨달음의 길

억지로 짓는 의문은 망상을 낳기 쉽지만
의문이 조용히 다가와 지혜의 문을 두드릴 때
비로소 참된 깨달음에 이른다.

본바탕 천진한 마음을 지키는 것이 으뜸 가는 정진이다.

—선가귀감

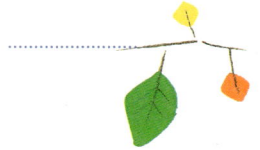

낙엽 [1]

낙엽을 밟을 때 '바스락' 하고 나는 소리는
그의 지나간 고된 작업의 숨소리다.

낙엽이 있기에 다음 해 푸른 생명이 태어난다.

이처럼 생의 끝에서 남는 허물은
새로운 다음 생의 탄생을 기약한다.

맑고 깨끗한 것은 고상한 기풍이긴 하나 딱딱함이 지나치면
사람을 구제하고 사물을 이롭게 할 수 없다.

― 채근담

삶이 꿈이고 죽음이 깨달음이라면 내가 나 자신을 다른 모든 것에서
특별한 취급을 받는 존재라고 생각하는 그 사실도 역시 꿈에 지나지 않는다.

―쇼펜하우어

낙엽 (2)

낙엽은 새파란 잎이었다.
새파란 잎이 낙엽이 되었다.

낙엽에서 새파란 잎이 보이고
새파란 잎에서 낙엽이 보인다.
새파란 잎과 낙엽은 순환의 시점이 다를 뿐
이들은 모두 같은 것이다.

그런데 낙엽은 쓸쓸해 보이고
새파란 잎은 생동감을 준다.
이런 다양한 세상의 모습은 순간이 만들어 내는
환상의 세계일 뿐이다.

사랑과 존경

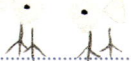

사람을 홀리는 꿈 같은 사랑은
그 수명이 얼마 못 가 끝난다.
그러기에 사랑은 존경을 탄생시켜야 한다.

이것은 꾸준한 노력과 정진으로
인생의 설계도에 따라
희망의 집을 지을 때 비로소 존경의 문패가 붙는다.

말을 많이 한다고 지혜로운 사람은 아니다. 안정되어 평화롭고
원한심 없으며 남에게 피해를 주지 않는 자를 지혜로운 사람이라 한다.

－법구경

.... 음파를 타고

이른 새벽에 차 한 잔 마시면서
라디오에서 흘러 나오는 감미로운 음악에 취한다.
하이페츠의 날카로운 바이올린 소리는
나를 싣고 먼 바다로 항해에 나선다.

칠흑 같은 어둠을 헤쳐 나가며
반짝이는 별들을 벗삼아
밤이 잉태한 태양이 떠오르기를 기다리며
상상의 나래를 펴 본다.

'나는 왜 남이 될 수 없는가' 라는
유치한 질문을 하면서
'나는 남이 되어야 한다' 는
또 '자연이 되어야 한다' 는
신의 명령에 굴복하고 만다.

바이올린의 현이 튕길 때마다
음파는 나를 흔들어대면서
항해의 끝이 어딘지도 모른 채
새벽을 향해 계속 나아간다.
태어나기 전 자궁 속에서 탄생을 기다릴 때도
이 새벽처럼 칠흑 같았으리라.

밝은 빛에 나오면
언젠가는 소멸한다는 것을 알면서도
왜 세상에 나와야만 했는가?
탄생도 홀로이고 죽음도 홀로인데
삶은 어찌 더불어 함께 가야 하는가?

심오한 신의 뜻을 품고 음파를 타고
항해는 계속된다.

고심하는 중에 늘 마음을 기쁘게 하는 멋을 얻고
득의한 자리에 문득 실의의 슬픔이 생겨난다.

―채근담

.... 보는 것과 믿는 것  ....

믿어라! 보지 않아도 된다.
와서 보아라! 반드시 보아야 한다.

믿어라! 믿는 것만큼 세계는 굳게 닫혀 있다.
와서 보아라! 보이는 것만큼 세계는 활짝 열려 있다.

믿어라! 자유의지라는 날개를 접는 것이다.
와서 보아라! 자유의지라는 날개를 펼치는 것이다.

믿어라! 고정된 틀 속에 예속된다.
와서 보아라! 고정된 틀을 벗어난다.

믿어라! 진리의 문이 닫혀 있다.
와서 보아라! 진리의 문이 열려 있다.

믿어라! 본래의 나는 사라진다.
와서 보아라! 본래의 내가 보인다.

자, 그대는 무조건 믿어야 할까, 와서 보아야 할까.

아는 사람은 말하지 않고, 말하는 사람은 도리어 모른다.
―장자

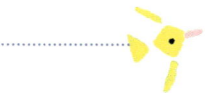 여여 如如

네가 그렇고 그러며, 내가 그렇고 그러니
우리 모두 그렇고 그런데
그 누가 못나고, 그 누가 잘났단 말인가?

대자연도 그렇고 그런데
하물며 하늘 아래서
찰나같이 살다 가는 인간사
어찌 그리 야단스러울 수 있으랴.

지나고 보면 궁극(窮極)엔
잃은 것도 없고
얻은 것도 없는데!

> 도덕을 지키며 사는 사람은 일시적으로 적막할 뿐이지만,
> 권세에 의지하고 아부하는 사람은 만고에 처량하다.
> —채근담

떠나감

태어날 때도 홀로 왔으니
떠날 때도 홀로 떠나야 한다.

가야 한다.
이젠 정말 떠나가야 한다.
내가 있던 자리는 이미 연기처럼 떠올랐다.

이제 내가 할 일은 모두 끝났다.
더 이상의 바람이나 집착은 사라져 버렸다.
무엇을 더 하고자 하는가?

이름 없는 잡초 되어 땅을 비옥하게 하는데
보탬이 된다면 그것으로 족하다.
모든 인연 줄 끊어 버림이 내가 처음 태어날 때
이미 결정된 운명인데,
이를 거역한들 무슨 소용인가?
만약 태초의 우주가 어떠했는지를 알고자 한다면
홀로 되어 별처럼 살아가는 것이리라.

껍질을 벗어 버렸다면 그것을 어디 두고 간들
무슨 상관이랴.
내가 태어날 때 입은 옷을 이제는 벗어야 한다.
그래서 그 옷을 남이 입어
따스함을 느낄 수 있도록 도와야 한다.
그것이 무욕이요, 무념(無念)이리라.

일에서 물러서려거든 마땅히 그 전성기에 물러서야 하고,
몸을 두려거든 마땅히 홀로 뒤떨어진 곳에 두어야 한다.

―채근담

탄생과 죽음

아무런 고통의 느낌도 없이,
태어나야 할 이유도 모른 채
탄생은 그냥 밀려 나온다.
유충에서 번데기가 된 후
나래 짓하며 튀어나온 나비가
꽃 따라 날아다니듯 인간은 성장하면서
갖가지 화려한 영상을 연출해 낸다.
이들은 실체가 없는 영화처럼
환영의 세계로 과거를 남긴다.

나래 짓에 지친 늙은 나비가 땅 아래로 내려앉듯이
인간도 때가 되면 허약하고 노쇠해지면서
물 속으로 가라앉는 땅처럼
그 존재가 사라지는 날을 어쩔 수 없이 만나게 된다.
그러면 지금까지 지녀왔던 모든 것을
미련 없이 버리면서
자신의 존재를 철저하게 잊어버리도록
차근차근 준비해야 한다.
그래야만 태어날 때처럼 빈손으로 맞는
임종의 순간에
아무런 고통도 없어지고 또 죽어야 할 이유도
슬프게 찾지 않게 된다.

탄생과 죽음은 에너지의 취산(聚散) 현상으로
나오고 들어감이 다를 뿐
그 본질은 같은 것이기에
죽음은 탄생의 훌륭한 씨앗이니
어찌 죽음이 슬픈 것이라 하겠는가.
한 송이 예쁜 꽃도 죽음의 씨앗에서
피어나는 것인데.

무릇 삶을 죽이는 이는 죽지 않고 삶을 살리는 이는 살지 못하는 것이다.

—장자

삶과 죽음

탄생을 알리는 울음소리가 났다.
어떤 목적으로 어떤 과정으로 만들어졌는지
나도 모른 채 육신이 세상 밖으로 던져졌다.

영혼이 있다면 그것이 전생에
어떤 과정의 윤회를 거쳐
자궁 속으로 들어갔는지 잘 알 터인데, 나는 모른다.
그러나 오랜 세월에 걸친
하 많은 전생의 모든 정보가
내 육신과 정신에 들어 있음은 틀림없으리라.

초월적 세계는 가슴에, 이성적 세계는 두뇌에,
물질적 정보는 육신에 들어 있을 것이다.
정확하게 제자리를 하고 있으리라.
가슴이 따뜻하면 자비심이 생길 것이고,
차가우면 분별심이 심해지는
이성의 세계가 강하게 나타날 것이다.

육식(六識)으로 느껴지는 현상계에서는
육신이 있어야 한다.
성장하고 늙어가며 머무름 없이 변해 가는 육신에겐
무형으로 이어지는 소멸이 따른다.
이것이 곧 생의 고(苦)이다.
그러나 이러한 고(苦)도
우주와 더불어 호흡할 수 있는
탄생의 기쁨보단 깊지 못하다
탄생이란 유형의 상(相)으로 나타나
가시적 현상계를 이루고
죽음은 유형이 무형의 상으로 바뀌며
초월적 세계를 이룬다.
이것은 원래 내가 태어나기 이전의 세계이다.

사후의 초월적 세계가 에너지의 세계라도 좋고
그 속에 환생하려고 기다리는 수많은 영혼이나
귀신이 우글거리는 곳이라도 아무 상관없다.
특히 귀신의 세계는
산 자의 집착심에서 생기는 것이니
생전에 죽음에 대한 두려움의 집착심이 없다면
사후의 세계가 무심 속에 녹아드니
그 속에 무엇이 들어 있든 무슨 상관이랴.

탄생에는 생(生)의 유지를 위해 집착심이 따르나
죽음엔 자기 해체로 어떠한 집착심도 따르지 않으니
탄생은 고(苦)를 가져오지만 죽음엔
원래 고(苦)가 없다.
또한 죽음이란 전생의 자기 모습으로 되돌아가
만물을 키우는 씨앗이 되니
생사의 근본이 어찌 다르다 하겠는가.

죽음과 삶은 운명이다. 밤과 아침은 일정한 듯하도 그것은 하늘이 하는
바여서 사람은 간섭할 수 없는 것이니 이것이 만물의 진상이다.

—장자

.... 죽음

시골마을 논밭 옆 개울에서 목욕하며 올챙이 잡고
잠자리 잡던 어린 시절, 왕잠자리 잡아서
꼬리 조금 잘라내고 길다란 풀 대롱 꽂아
날려 보내며 즐거워했던 그 시절.

이 광경을 보고 놀라시며
"꼬리 자르면 잠자리가 아파서 곧 죽게 된다"고
안타까워하며, 살생을 하지 말라고
야단치던 할머님 말씀.
아직도 귓가에 쟁쟁 울리네.

삶과 죽음을 몰랐던 어린 시절.
상여가 구슬픈 만가(輓歌)를 부르며
집 앞을 지나갈 땐
이상한 옷 입고 울면서 뒤따라가는

사람들 모습 보고
누가 죽었다는 막연한 생각만 했었네.
아무리 상여를 둘러보아도 문이 없어
그 속에 무엇이 들었을까 궁금했고
또 어떻게 들어갔을까 늘 의심스럽던 어느 날,
나는 상여 옆을 따라가면서 얼른 고개 숙여
아래서 위로 상여 속을 힐끔 들여다보았네.
기겁해서 돌아서는 순간
어른들의 야단치는 고함소리에
혼비백산하여 뛰는 가슴 부둥켜안고
달음박질로 멀리멀리 도망쳤네.
상여 속 짚에 싸여 꽁꽁 묶여 얹혀 있던 물체가
죽은 사람이란 이야기를 나중에
동네 아이들에게 전해 주었네.

차츰 나이 들면서 사람은 죽는다는 것을 알았어도
나의 할아버님과 할머님은
절대로 돌아가시지 않는다는
굳은 신념을 가졌었는데
어느 날 할아버님이 홀연히 돌아가셨고,
나는 사흘을 계속 울었네.
왜 울어야 하는지도 모르면서
그냥 눈물이 쏟아져 흘렀네.
다른 사람들은 어린 나 때문에
더 많이 울었다고 했네.
학교 갔다 와 할아버님께 인사드리면
할아버님은 나를 등뒤에 앉히고 감추어 두었던
맛있는 것들을 뒤로 건네 먹게 했던
할아버님의 따뜻한 정.

그러나 원래 말씀이 적으셨던 할아버님.
나에게 일찍 잠자라는 말씀 외엔
꾸지람 한마디 없었네.
놀다가 다친 이마에 혹이 나면 내가 잠잘 때
혀로 가만히 침을 발라 주시던 고마우신 할아버님.
사랑과 믿음을 눈빛과 온몸으로
많이도 주셨던 할아버님이셨기에
슬픔이 무엇인지도 모르면서
그토록 슬피 울었나 보네.
그리고 할아버님은 절대로 돌아가시지 않는다는
철석같은 신념이 무너져 버린 것이
나에게는 절망적으로 느껴졌나 보네.

유학 시절, 아내가 내게 보낸 편지엔
네 명의 아이들이
건강히 잘 자란다는 내용이 거의 전부였네.
사랑이란 말을 쓰기엔
우리들의 생활이 너무나 바빴고 어려웠네.
그런데 어느 때부턴가
아이들 이야기가 점차 줄어들고 있다는
아주 막연한 느낌을 받았네.

그런 어느 날 밤 꿈속에서,
막내 사내아이를 관 속에 넣고 뚜껑을 닫고
못 치는 광경을 너무나 생생하게 보았네.
놀라서 잠을 깬 나는
그놈이 이 세상을 하직했다는 확신을 가졌네.
그랬어도 나는 아내에게 아무것도 물어보지 않았네.
그렇지만 귀국하는 날, 틀림없이 아내가

홀로 공항에 나오리라고 짐작은 했었네.
입국장(入國場)을 빠져 나오자
저만치서 홀로 서 있는 아내를 보았네.
슬픈 진실이 확인되었네.
나는 아내의 손을 가만히 잡으면서
"아이는 또 낳으면 되니, 너무 상심 마오"라고,
짧게 말했네.
아내는 깜짝 놀라며 어떻게 알았느냐고 되물었네.
왕잠자리 꼬리 잘라 날리던 어린 시절엔
죽음의 아픔을 몰랐는데
이젠 죽음이 무엇인지를
내 스스로 깨달아야 할 만큼 나이가 들었나 보네.

받는 것이 있으면 주는 것이 있고
얻는 것이 있으면 잃는 것이 있듯이
생기면 사라지는 것이 당연함을 알기까지
이렇게 긴 시간이 흘렀네.

삶이란 숨을 쉬는 것이요,
죽음이란 숨을 쉬지 않는 것뿐인데
인간은 왜 그렇게 슬퍼하고 괴로워할까?
반드시 비통해야 할 이유도 없을 것 같은데
천도재 때 읊조리는 염불소리는
오장육부를 도려내듯이 슬픔을 자아내게 하네.

왜 태어났느냐는 묻지 않으면서
왜 죽어야 하는가에 대해서는
모두가 슬픈 의문을 가지네.
그리고는 보다 더 오래 살려는 욕심과 집착에서
태어날 때 주어진 생명의 탯줄을
길게길게 끌고 가려 하네.
이 세상에 태어난 이상 잘 죽는 방법을
터득해야 할 텐데,
오히려 건강하게 오래 사는 방법에만
집착하는 것이 인간인가 보네.

삶이 불안정한 소비라면 죽음은 안정된 순환의 씨앗.
우리는 자신의 씨앗을 고이 뿌려
다시 새싹 돋게 하는 바람이 있기에
사후에 좋은 씨앗 남기는 것이 화려한 삶보다
더 어려운 것이네.
새로운 씨앗에서 새로운 삶이 나오고,
이 삶이 끝나 죽으면 다시 씨앗 만드니
삶과 죽음은 근본적으로 같은 것,
그렇다면 그 근원은 무엇인가?

내 성명은 확실하지 않으나 죽음만은 확실하다. 인간의 생명은 매우 불안정한데 비해 죽음만은 확정되어진 진실이다.

—법구경

<종이거울 자주보기> 운동을 시작하며

유·리·거·울·은·내·몸·을·비·춰·주·고
종·이·거·울·은·내·마·음·을·비·춰·준·다

<종이거울 자주보기>는 우리 국민 모두가 한 달에 책 한 권 이상 읽기를 목표로 정한 새로운 범국민 독서운동입니다.

국민 각자의 책읽기를 통해 우리 나라가 정신적으로도 선진국이 되고 모범국가가 되어 인류 사회의 평화와 발전에 기여하기를 바라는 마음으로 이 운동을 펼쳐 가고자 합니다.

인간의 성숙 없이는 그 어떠한 인류행복이나 평화도 기대할 수 없고 이루어지지도 않는다는 엄연한 사실을 깨닫고, 오직 개개인의 자각을 통한 성숙만이 인류의 희망이고 행복을 이루는 길이라는 것을 믿기 때문입니다.

이에, 우선 우리 전 국민의 책읽기로 국민 각자의 자각과 성숙을 이루고자 <종이거울 자주보기> 운동을 시작합니다.

이 글을 대하는 분들께서는 저희들의 이 뜻이 안으로는 자신을 위하고 크게는 나라와 인류를 위하는 일임을 생각하시어, 흔쾌히 동참 동행해 주시기를 간절히 바랍니다.

감사합니다.

2003년 5월 1일

공동대표 : 조흥식 이시우 황명숙

지도위원

관조성국 나가성타 송암지원 미산현광 일진 방상복(신부) 양운기(신부) 서명원(신부) 조홍식(성균관대명예교수) 이시우(前서울대교수) 황명숙(한양대명예교수) 강대철(조각가) 권경술(법사) 김광삼(현대톱교신문발행인) 김광식(부천대교수) 김규칠(언론인) 김기철(도예가) 김상락(단국대교수) 김석환(하나전기대표) 김성배(미, 연방정부공무원) 김세용(도예가) 김숙자(주부) 김영진(변호사) 김영태(동국대명예교수) 김응화(한양대교수) 김재영(동방대교수) 김호석(화가) 남준(동국대도서관) 민희식(한양대명예교수) 박광서(서강대교수) 박범훈(작곡가) 박성근(낙농업) 박성배(미, 뉴욕주립대교수) 박세일(서울대교수) 박영재(서강대교수) 박재동(애니메이션감독) 서혜경(전주대교수) 성재모(강원대교수) 소광섭(서울대교수) 손진책(연출가) 송영식(변호사) 신규탁(연세대교수) 신송심(주부) 신희섭(KIST학습기억현상연구단장) 안상수(홍익대교수) 안숙선(판소리명창) 안장헌(사진작가) 우희종(서울대교수) 유재근(연심회주) 윤용숙(여성문제연구회장) 이각범(한국정보통신대교수) 이규경(화가) 이규택(경서원대표) 이근후(의사) 이상우(굿데이신문회장) 이윤호(경기대교수) 이인자(경기대교수) 이일훈(건축가) 이재운(소설가) 이중표(전남대교수) 이철교(동국대출판부) 이택주(한택식물원장) 이호신(화가) 임현담(히말라야순례자) 정계섭(덕성여대교수) 정병례(전각가) 정웅표(서예가) 한승조(고려대명예교수) 홍신자(무용가) 황보상(의사) 황우석(서울대교수) —가나다순

《종이거울자주보기》 운동 본부
(전화) 031-676-8700 / (전송) 031-676-8704 / (E-mail) cigw0923@hanmail.net

<종이거울 자주보기> 운동 회원이 되려면

① 먼저 <종이거울 자주보기> 운동 가입신청서를 제출합니다.
② 매월 회비 10,000원을 냅니다.(1년, 또는 몇 달 분을 한꺼번에 내셔도 됩니다.)
   국민은행 245-01-0039-101(예금주:김인현)
③ 때때로 특별회비를 냅니다. 자신이나 집안의 경사 및 기념일을 맞아
   희사금을 내시면, 그 돈으로 책을 구하기 어려운 특별한 분들에게
   책을 증정하여 <종이거울 자주보기> 운동을 폭넓게 펼쳐갑니다.

<종이거울 자주보기> 운동 회원이 되면

① 회원은 매월 책 한 권 이상 읽습니다.
② 매월 책값(회비)에 관계없이 좋은 책, 한 권씩을 댁으로 보냅니다.
   (회원은 그 달에 읽을 책을 집에서 받게 됩니다.)
③ 저자의 출판기념 강연회와 사인회에 초대합니다.
④ 지인이나 친지, 또는 특정한 곳에 동종의 책을 10권 이상 구입하여
   보낼 경우 특전을 받습니다. (평소 선물할 일이 있으면 가급적 책으로 하고,
   이웃이나 친지들에게도 책 선물을 적극 권합니다.)
⑤ '도서출판 종이거울' 및 유관기관이 주최·주관하는 문화행사에
   초대합니다.
⑥ 책을 구하기 어려운 곳에 자주, 기쁜 마음으로 책을 증정합니다.
⑦ <종이거울 자주보기> 운동의 홍보위원을 자담합니다.
⑧ 집의 벽 한 면은 책으로 장엄합니다.